BAGUNÇA NA COZINHA

ANA CAROLINA BRINGHENTI

BAGUNÇA NA COZINHA

memórias de uma toalha encantada

Editora Senac Rio de Janeiro – Rio de Janeiro – 2015

Bagunça na cozinha: memórias de uma toalha encantada
© Ana Carolina Bringhenti, 2015.

Direitos desta edição reservados ao Serviço Nacional de Aprendizagem Comercial –
Administração Regional do Rio de Janeiro.

VEDADA, NOS TERMOS DA LEI, A REPRODUÇÃO TOTAL OU PARCIAL DESTE LIVRO.

SISTEMA COMÉRCIO-RJ
SENAC RJ

PRESIDENTE DO CONSELHO REGIONAL DO SENAC RJ

Orlando Diniz

DIRETOR DO SISTEMA COMÉRCIO

Orlando Diniz

DIRETOR GERAL DO SENAC RJ (EM EXERCÍCIO)

Marcelo Jose Salles de Almeida

CONSELHO EDITORIAL

Ana Paula Alfredo, Wilma Freitas, Daniele Paraiso,
Manuel Vieira, Nilson Brandão e Karine Fajardo

EDITORA SENAC RIO DE JANEIRO

Rua Pompeu Loureiro, 45/11ª andar

Copacabana – Rio de Janeiro

CEP: 22061-000 – RJ

comercial.editora@rj.senac.br

editora@rj.senac.br

www.rj.senac.br/editora

PUBLISHER

Wilma Freitas

EDITORA

Karine Fajardo

PROSPECÇÃO

Emanuella Santos, Manuela Soares e
Viviane Iria

PRODUÇÃO EDITORIAL

Ana Carolina Lins, Camila Simas,
Cláudia Amorim e Jacqueline Gutierrez

PROJETO GRÁFICO E ILUSTRAÇÕES

Ana Carolina Bringhenti

EDITORAÇÃO ELETRÔNICA

Ô de Casa | Inês Coimbra

IMPRESSÃO: Coan Indústria Gráfica Ltda.

1ª EDIÇÃO: agosto de 2015

CIP-BRASIL. CATALOGAÇÃO NA PUBLICAÇÃO
SINDICATO NACIONAL DOS EDITORES DE LIVROS, RJ

B87b
    Bringhenti, Ana Carolina

    Bagunça na cozinha: memórias de uma toalha encantada / Ana Carolina Bringhenti. — 1. ed. —
Rio de Janeiro: Ed. Senac Rio de Janeiro, 2015.

    96 p. : il. ; 27 cm.
    ISBN 978-85-7756-323-4

    1. Culinária — Literatura infantojuvenil. 2. Literatura infantojuvenil brasileira. I. Título.

15-25313
                                          CDD: 028.5
                                          CDU: 087.5

Dedico este livro aos amores de verdade.
Aos meus pais e à minha família linda.
Dedico também a ele: meu amor,
meu companheiro, minha paz.

Gratidão é compartilhar a trilha da vida
com cada um de vocês e agora com o mundo.

PREFÁCIO

Este livro é fruto de um projeto idealizado por minha querida aluna Ana Carolina Bringhenti desde nossas primeiras conversas sobre seu trabalho de graduação em Design Gráfico na Pontifícia Universidade Católica do Rio de Janeiro (PUC-Rio).

Acostumados a considerar a atividade de design algo somente estético, normalmente não percebemos seu alcance. Ana Carolina, no entanto, não se concentrou exclusivamente nos encantos gráficos do desenho de uma fruta ou legume, ou da simpática reprodução da toalha de mesa própria a uma cantina italiana. Com base em suas lembranças de criança, quando o ato de alimentar-se era preenchido de alegria e afetos, perguntou-se como poderia proporcionar às pessoas experiência semelhante.

Como primeiro resultado de seu questionamento, estabeleceu o público infantil como alvo, e esse contato implicou outras decisões. Era o caso de buscar elementos que pudessem despertar o desejo em fazer e compartilhar o alimento. Daí a atenção especial ao que cozinhar — as receitas, selecionadas pelo sabor e por sua propriedade nutritiva, sem cair em qualquer didatismo, são puro prazer dos sentidos!

Estabelecido o objetivo, e definido o livro como meio, a autora iniciou seus estudos pelos desenhos e pelo colorido divertido das letras, não caindo na constante esparrela de fazer algo ao modo infantil. Com isso, além de conquistar o leitor pelos possíveis aromas e gostos, refletiu no texto uma alegria e proporcionou a clareza necessária às atividades culinárias. Disso tudo resultou uma obra completa, elaborada do início ao fim, desenvolvendo aquilo que poderia ser simplesmente uma ideia.

Ideias, para tornarem-se realizações, solicitam o que Ana Carolina tão alegremente fez aqui: projetar.

JOÃO DE SOUZA LEITE
Designer, professor adjunto na Escola Superior de Desenho Industrial (Esdi) da Universidade do Estado do Rio de Janeiro (Uerj)

UM LIVRO QUE NASCEU DO CORAÇÃO...

Quando penso nos meus dias de hoje, sinto **uma baita saudade** da toalha vermelha quadriculada. Na **infância**, costumava fazer daquele pequeno pedaço de tecido um mundo cheio de histórias para contar. Em vez de **me prender** em um cercadinho, minha mãe me colocava sobre **uma toalha estampada** bem ao pé da porta da **cozinha**. Assim, ela conseguia me vigiar enquanto resolvia suas **coisas de mãe**.

Nasci em uma casa de **nordestinos** com ascendência **italiana**: não tinha como crescer sem gostar de um **bom tempero**. Desde pequena, sentada na tal toalhinha, ficava horas abduzida pelas **alquimias** produzidas **porta adentro**. Sentia cheiros **vigorosos** de que me lembro até hoje, antecipando o **sabor sempre delicioso** do que estava prestes a **ser servido**.

Aos poucos, **fui crescendo** e preservando essa **sensação afetiva** em tudo que eu cozinhava. Lembro-me das broncas, dos sorrisos e dos desastres, todos independentemente nutridos com amor e história. Talvez tenha sido **esse jeito romântico** e lúdico de aprender o **responsável** por me fazer olhar para a cozinha **como um refúgio**. Passei a acreditar que para a comida ser boa não **precisava de frescura**, mas, sim, de **carinho**.

Este livro nasceu da vontade de resgatar minhas memórias dos tempos da toalha quadriculada. Na época que comecei a **experimentar a vida adulta** e me sentia confusa diante de tanta transformação, a cozinha **serviu como terapia** e me provou que somente o **afeto é capaz de curar e ensinar** com propriedade.

Assim fui **revivendo** minhas experiências guardadas em gavetas e recordando que a **leveza** é a chave do sucesso. Agora **convido vocês a também** criar ou rememorar **histórias** gostosas com seus filhos. Vamos juntos fazer valer essa tradição e tratar logo de espantar a **preguiça**!

PARA QUEM AINDA ESTÁ VIRANDO GENTE GRANDE...

— *Meniiiiino, saia já de perto desse fogão! Largue esse negócio aí, garota!*

Soou familiar? **Quando eu era criança**, ouvia muito isso! Levava bronca por ser teimosa e ainda assim querer mexer, **bagunçar todas as panelas** da minha mãe e fazer uma sujeirada só! Pensava: "Ai, que **chatice** essa coisa de **ser adulto**; tem de ter cuidado com tudo!"

Enquanto crescia, me refugiava no sítio dos meus avós. A cozinha de lá era para mim **o melhor lugar do mundo**, simplesmente porque era onde me **sentia livre**. Minha avó **nunca brigava** se eu derrubasse farinha no chão ou não **quebrasse o ovo direito**. Descobri, então, que os avós são crianças também. Sábios são eles que, mesmo sendo gente grande, não se deixam picar pelo **bichinho da chatice**.

Agora que cresci, sei da **importância** que é manter minha **criança interior** sempre sorrindo. E a cozinha é o lugar em que consigo fazer isso **sem pensar** em mais nada. Neste livro, convido vocês todos a **fazer bagunça** comigo e aproveitar para **adicionar seu tempero** às receitas que **fizeram parte** de minha história.

PARA QUEM JÁ É GRANDE...

Sempre acreditei que tudo que fazemos com nossas **próprias mãos** têm um **carinho especial** e estão diretamente **conectadas** à nossa **energia** naquele momento. Como cresci sempre com a cozinha por perto, penso que tudo **pode virar brincadeira** de experimentar. E **por que** não?

Para não ficar **pesado**, que tal introduzir a prática de cozinhar nos **fins de semana**? Essa parceria também pode ser **incrível** para **evitar "frescuras alimentares"** à beira da mesa de jantar. Os pequenos geralmente adoram explorar o novo e pôr as **mãos na massa.** Se for possível, então, aliar **diversão à nutrição**, o prato ficará muito mais gostoso.

Enfim, quero mostrar que **cozinhar é simples**, basta ter vontade e amor. Cozinhar com seu filho pode parecer complicado, mas, acredite, **não precisa ser**. O aprendizado dentro da cozinha fica enraizado **naquela alegria** própria às **descobertas** da vida quando **se é criança**. Observar isso de pertinho só pode ser **uma delícia**. Corra já para a cozinha e veja que **ser saudável** não é motivo de **careta**!

DICAS E APRENDIZADOS

Lave as mãos, aposente os anéis e prenda os cabelos para cima. Bem-vindo, você está na cozinha! Vamos começar? Aqui vão algumas dicas que fui aprendendo durante minhas aventuras culinárias. Não se preocupe em lembrar todas elas, mas esteja certo de que, com a prática, tudo parece ficar cada vez mais fácil e divertido!

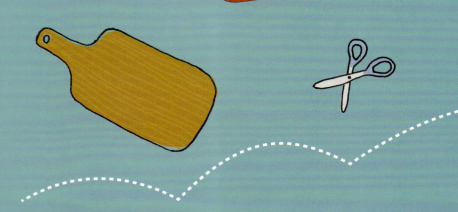

O primeiro e mais importante ensinamento na cozinha é que **medidas são fundamentais**. Do mesmo modo, medidores são **utensílios camaradas** para você que está começando. Confie em mim, vai ser **muito mais fácil** lidar com eles! Mas se ficou difícil de achá-los, segue uma cola: neste livro a medida equivalente a uma **xícara de chá é um copo de 250ml**. Daí em diante, é possível **descobrir** suas **medidas derivadas**.

A **organização** é prima das medidas, então: **seja prático**! Comece a bagunça **cortando** e **lavando** tudo muito bem. Separe sua **tábua, facas** e **potinhos** para dar morada aos ingredientes. Não esqueça: você e seu filho estão **aprendendo juntos**, por isso, é preciso ter **paciência e bom humor**.

Fique atento ao **tempo** de forno nas receitas, mas **não se prenda** às horas investidas na cozinha. **Relaxe e curta** seu momento em **família**. Tenha em mente as **temperaturas básicas** de forno: muito alto é equivalente a **220°C**; alto, a **200°C**; médio, a **180°C**; e baixo, a **160°C**. Agora que você já sabe, vá lá... Coloque **aquele som** gostoso, **abra o coração** e deixe a **criatividade rolar**!

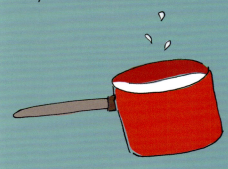

Dê preferência a alimentos **frescos**, **orgânicos** e livres de químicas. Parece um grande capricho, mas **investir** nisso potencializa **o sabor e a saúde** do seu prato. Se tiver **dificuldade** para encontrar os ingredientes nos mercados mais populares, procure **casas especializadas** em produtos naturais, **feiras** ou **hortifrútis**.

Use a imaginação! O improviso deve ser seu **parceiro de fé**, porque, de vez em quando, tudo parece sair do nosso controle. É importante saber **manter a calma** e acreditar que, no final, **tudo se ajusta**; invista no **amor**, ele é o **melhor tempero** para qualquer refeição!

Facas, fogo e água são polêmicos. **Fique de olho**! Apesar disso, não devemos encarar a cozinha como um **local proibido para crianças**. Basta ter **concentração**, calma e explicar aos pequenos que **cada coisa tem sua hora**!

Alguns **truques** podem ser usados para **minimizar** a bagunça cansativa. Preste atenção às receitas que exigem **tempo na geladeira**; elas são ótimas para serem feitas **antes das outras**. **Aproveite** a espera inevitável dos preparos para ir **dando aquela geral** na **louça** e no que estiver **espalhado**.

CARDÁPIO
A

1
CAFÉ DA MANHÃ

MORANGO VITAMINADO	16
BOLOTAS DE QUEIJO	18
BISCOITINHOS INTEGRAIS	20

2
ALMOÇO

SALADINHA DE LEGUMES	36
MACARRONADA COM BOLINHAS DE CARNE	38
BOLO COM CALDA CREMOSA	40

3
LANCHE DA TARDE

MATE REFRESCANTE	56
TAPIOCA SANTA CLARA	58
BOMBOM GELADO DE FRUTAS	60

4
JANTAR

MINIOMELETE	76
SOPINHA DE OUTONO	78
PAVÊ COM MORANGOS	80

CARDÁPIO B

SUCO VITAMINADO	22
TRIQUEIJINHO	24
SALADA MULTICOLORIDA	26

CARDÁPIO C

VITAMINA SUPERPODEROSA	28
PANQUECAS COM GELEIA	30
BARRINHA CRUNCH	32

BRUSCHETTAS ITALIANAS	42
FRANGO ORIENTAL COM BATATINHA RÚSTICA	44
TORTINHA DE MAÇÃ	46

TOMATES SURPRESA	48
LASANHA DO BEM	50
MORANGOS EM CAMADAS	52

SUCO ROSA	62
PIZZA NO SÍRIO	64
PICOLÉ CASEIRO	66

BANANA VITAMINADA	68
PÃEZINHOS INTEGRAIS	70
BROWNIE COM NOZES	72

WRAP DE FOLHAS	82
RATATOUILLE RÚSTICO	84
SORVETE DE CACAU	86

SALADINHA DE MACARRÃO	88
PEIXE COLORIDO AO FORNO	90
TORTINHA GELADA	92

1 CAFÉ DA MANHÃ

AO ABRIR AS JANELAS, **SINTO UMA BRISA** COM CHEIRO DE CAFÉ DA MANHÃ: PÃO, **QUEIJO,** BOLO, **BISCOITINHOS** E GOSTOSURAS. POR ISSO, COMEÇO O DIA ESTENDENDO MINHA VELHA COMPANHEIRA **TOALHA VERMELHA QUADRICULADA.** E, ENTÃO, VAMOS COMER?

MORANGO VITAMINADO

VITAMINA DE MORANGO

VOCÊ VAI PRECISAR DE: *liquidificador e copos*
NÍVEL DE DIFICULDADE: *fácil* **RENDIMENTO:** *4 copos de 200ml cada um*

INGREDIENTES

10 **morangos** médios

3 colheres (sopa) de **mel** ou de xarope de **agave**

4 colheres (sopa) de **leite** semidesnatado

200g de **iogurte** (tradicional) grego

10 cubinhos de **gelo**

MODO DE PREPARO

PEÇA AJUDA A UM ADULTO PARA FAZER AS ATIVIDADES EM *VERDE*

1
Pique 3 morangos em pedacinhos e **reserve**.

2
Corte os demais morangos e despeje em um liquidificador. **Junte** com o mel (ou agave) e **bata** em velocidade máxima.

3
Acrescente o leite, o iogurte e **bata** em velocidade máxima até que a consistência da mistura esteja lisa.

4
Adicione o gelo e **vá pulsando** para quebrar os cubos.

5
Sirva nos copos e **decore** com os pedacinhos de morangos por cima.

PRONTINHO! JÁ PODE SERVIR!

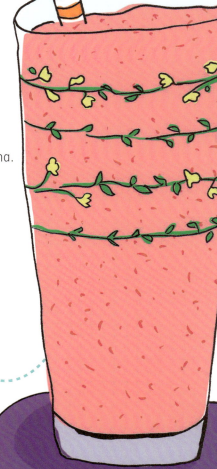

BOLOTAS DE QUEIJO

MASSA DE PÃO DE QUEIJO INTEGRAL COM SEMENTES

VOCÊ VAI PRECISAR DE: peneira, tigela média, liquidificador e ou tabuleiro antiaderente
NÍVEL DE DIFICULDADE: fácil   **RENDIMENTO:** 30 bolinhas pequenas

INGREDIENTES

½ xícara (chá) de **leite** semidesnatado

1 colher (sopa) de **óleo de canola**

1 colher (chá) de **sal**

1 xícara (chá) de **farinha de trigo branca**

½ xícara (chá) de **farinha de trigo integral**

1 e ½ xícara (chá) de **polvilho azedo**

1 colher (sopa) de semente de **linhaça**

2 colheres (sopa) de semente de **chia**

100g de **queijo parmesão ralado**

2 **ovos** (inteiros)

MODO DE PREPARO

> PEÇA AJUDA A UM ADULTO PARA FAZER AS ATIVIDADES EM *LARANJA*

1
Esquente em uma panela o leite, o óleo e o sal. **Reserve**.

2
Peneire as farinhas e o polvilho na tigela (isso é fundamental!), **misturando** com os demais ingredientes secos (linhaça, chia e queijo).

3
Bata os ovos na velocidade máxima no liquidificador, por, no mínimo, 3 minutos e **despeje** na tigela.

4
Adicione também o conteúdo reservado e **mexa bem** com uma colher de pau.

5
Modele as bolinhas com as mãos e **disponha** sobre o tabuleiro (sem untar).

6
Leve ao forno médio por 15 minutos e **sirva**!

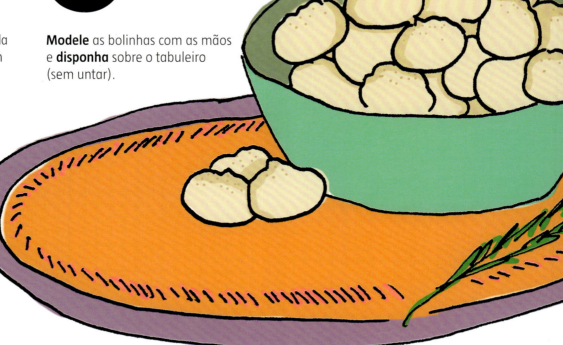

BISCOITINHOS INTEGRAIS

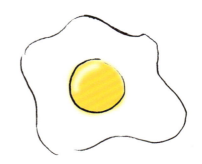

BISCOITOS DE AVEIA COM CHOCOLATE

VOCÊ VAI PRECISAR DE: *tabuleiro, papel-manteiga e tigela grande*
NÍVEL DE DIFICULDADE: *médio*   **RENDIMENTO:** *40 biscoitinhos*

DICA: vale ser criativo e adicionar granola, frutas secas, nuts... Deixe a receita com a sua cara!

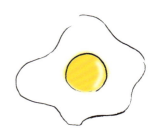

INGREDIENTES

1 colher (chá) de **fermento em pó**

1 colher (sopa) de **canela em pó**

1 xícara (chá) de farelo de **aveia**

1 xícara (chá) de **açúcar orgânico**

1 xícara (chá) de **farinha de banana verde***

1 e ½ colher (sopa) de **manteiga** com sal

1 **ovo** (inteiro)

1 barra (175g) de **chocolate** meio amargo picado

DICA: se não encontrar a farinha de banana verde, substitua pela farinha de trigo integral, o que tornará o biscoito menos docinho.

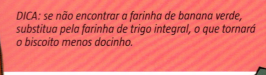

MODO DE PREPARO

> PEÇA AJUDA A UM ADULTO PARA FAZER A ATIVIDADE EM *BRANCO*

1

Forre o tabuleiro com o papel--manteiga e **reserve**. **Misture** bem os ingredientes secos (fermento, canela, aveia, açúcar e farinha) em uma tigela.

2

Adicione manteiga e o ovo **misturando** com as mãos. A massa ficará um pouco úmida.

3

Adicione o chocolate e trabalhe mais um pouco a massa.

4

Faça pequenas bolinhas com a massa e as **distribua** no tabuleiro de modo bem espacejado.

5

Preaqueça o forno alto por 5 minutos. Deixe **assar** por 25 minutos ou até **dourar**.

6

Espere que os biscoitos esfriem um pouco para que fiquem durinhos e prontos para **servir**!

SUCO VITAMINADO

SUCO DE MANGA

VOCÊ VAI PRECISAR DE: *liquidificador, coador e copos*
NÍVEL DE DIFICULDADE: *fácil*   **RENDIMENTO:** *4 copos de 200ml cada um*

DICA: que tal inovar misturando uma pitadinha de gengibre ou raspinha de limão?

INGREDIENTES

1 **manga** (háden ou pálmer)

4 colheres (sopa) de **mel**

1 xícara (chá) de **água** filtrada

gelo a gosto

MODO DE
PREPARO

PEÇA AJUDA A UM ADULTO PARA FAZER A ATIVIDADE EM *AZUL*

1
Descasque e corte a manga em pedaços médios.

2
Despeje a fruta em um liquidificador e **adicione** o mel e a água.

3
Bata em velocidade máxima até alcançar a consistência desejada. Se achar necessário, **adicione** mais água.

4
Coe e **sirva** nos copos com gelo.

HUMMM, QUE GOSTINHO DE VERÃO!

TRIQUEIJINHO

SANDUBAS COM TRÊS QUEIJOS, CENOURA E SALSINHA

VOCÊ VAI PRECISAR DE: *ralador, tigela média e tabuleiro antiaderente*
NÍVEL DE DIFICULDADE: *fácil*   **RENDIMENTO:** *5 sandubas*

DICA: se quiser, decore o prato com folhas de salsinha fresca.

INGREDIENTES

¾ xícara (chá) de **cenoura** ralada fininha

½ xícara (chá) de **salsinha** bem picadinha

10 **queijinhos processados** tipo Polenguinho® light

5 bolinhas médias de **muçarela de búfala**

1 fio de **azeite**

pimenta a gosto

10 fatias de **pão de fôrma integral**

100g de **queijo de minas padrão** ralado

MODO DE PREPARO

> PEÇA AJUDA A UM ADULTO PARA FAZER AS ATIVIDADES EM *BRANCO*

1

Rale a cenoura fininha.

2

Pique bem a salsinha.

3

Amasse na tigela os queijinhos e a muçarela, com a cenoura e a salsinha, até formar uma pastinha.

4

Adicione o azeite e a pimenta à pasta, misturando bem. **Reserve**.

5

Coloque em forno alto as fatias de pão distribuídas no tabuleiro por 5 minutos e **retire**.

6

Espalhe a pasta sobre as fatias e **polvilhe** o queijo ralado.

7

Feche os sanduíches, *leve ao forno médio* por 10 minutos ou **até derreter** os queijos e **sirva**.

SALADA MULTICOLORIDA

SALADA DE FRUTAS

VOCÊ VAI PRECISAR DE: *tigela grande e potinhos para servir*
NÍVEL DE DIFICULDADE: *fácil*   **RENDIMENTO:** *6 porções*

DICA: sirva sua porção com granola e mel. Que tal?!

INGREDIENTES

5 **bananas**

2 **mamões** (papaias)

1 **tangerina**

20 gomos de **uvas roxas sem caroço**

2 **maçãs**

8 **morangos** maduros

½ **laranja-lima** média

MODO DE
PREPARO

PEÇA AJUDA A UM ADULTO PARA FAZER AS ATIVIDADES EM *AZUL*

1

Retire as sementes e os caroços das frutas.

2

Descasque a banana, os mamões e a tangerina e *corte em pedaços pequenos*.

3

Corte as demais frutas e **despeje** tudo na tigela.

4

Misture bem as frutas e, por cima, **despeje** o suco da ½ laranja.
Sirva gelada nos potinhos!

É RAPIDEX E DELICIOSA!

VITAMINA SUPERPODEROSA

VITAMINA DE ABACATE COM LIMÃO

VOCÊ VAI PRECISAR DE: *liquidificador e copos*
NÍVEL DE DIFICULDADE: *fácil*   **RENDIMENTO:** *4 copos de 150ml cada um*

DICA: para que o limão fique bem suculento, use suas duas mãos (uma sobre a outra) para pressionar a fruta contra uma superfície reta, em movimentos para a frente e para trás.

INGREDIENTES

½ **limão** maduro

1 **abacate** pequeno

2 colheres (sopa) de **mel**

3 colheres (sopa) de **açúcar orgânico**

2 xícaras (chá) de **leite** semidesnatado (bem gelado)

MODO DE PREPARO

1

Faça um suco com ½ limão e **reserve**. **Despeje** a polpa do abacate no liquidificador.

2

Adicione o mel, o açúcar e o suco de limão, e **bata** um pouco.

3

Coloque o leite, **batendo** por bastante tempo, até que fique com textura lisa. Já pode **servir**!

PANQUECAS COM GELEIA

MASSA DE PANQUECA AMERICANA COM COBERTURA DE GELEIA DE FRUTAS VERMELHAS

VOCÊ VAI PRECISAR DE: compota de vidro (para a geleia), liquidificador, peneira, concha e frigideira
NÍVEL DE DIFICULDADE: avançado   **RENDIMENTO:** 5 panquecas e 1 compota média

DICA: para ficar bem crocante, a panqueca pode ser servida com coco ralado ou flocos de arroz.

INGREDIENTES

GELEIA

1 **laranja-lima** média

½ xícara (chá) de **cranberries secos** ou **uvas roxas** (sem caroço)

2 xícaras (chá) de **uvas crimson** cortadas

1 caixa pequena de **morangos** cortados

2 colheres (sopa) de **açúcar orgânico**

PANQUECA

1 **ovo** (inteiro)

1 xícara (chá) de **leite semidesnatado**

2 colheres (sopa) de **óleo de canola**

½ xícara (chá) de **farinha de trigo integral**

1 xícara (chá) de **farinha de trigo branca**

2 colheres (sopa) de **açúcar orgânico**

1 colher (chá) de **essência de baunilha**

3 colheres (chá) de **fermento em pó**

MODO DE PREPARO

> PEÇA AJUDA A UM ADULTO PARA FAZER AS ATIVIDADES EM *ROSA*

GELEIA

1

Faça um suco com a laranja. **Despeje** na panela o suco, o açúcar e as demais frutas cortadas.

2

Cozinhe em fogo baixo e **verifique** até que a mistura fique espessa. Isso ocorre por volta de 30 minutos.

DICA: não é preciso mexer o tempo todo, pois, quando esfria, a geleia fica mais grossa.

3

Espere ficar em temperatura ambiente e **despeje** na compota de vidro.

PANQUECA

1

Bata o ovo no liquidificador por algum tempo e depois **adicione** o leite e o óleo, **batendo** mais um pouco.

2

Peneire as farinhas, o açúcar e o sal. **Misture** até que fique bem homogêneo.

3

Adicione a baunilha e o fermento, **mexendo** muito pouco. A massa ficará espessa.

4

Encha quase uma concha inteira e *despeje em uma frigideira* untada com pouca manteiga.

5

Asse dos dois lados e **sirva** ainda quentinha com a geleia.

BARRINHA CRUNCH

BARRINHA DE FORNO, COM NUTS, FRUTINHAS E CANELA

VOCÊ VAI PRECISAR DE: duas tigelas grandes, tabuleiro antiaderente médio e papel-manteiga
NÍVEL DE DIFICULDADE: fácil   **RENDIMENTO:** 20 barrinhas

DICA: que tal comer geladinha com iogurte? Hummm...

INGREDIENTES

½ xícara (chá) de **damasco seco**

1 xícara (chá) de **cranberry seco**

1 xícara (chá) de **tâmara** ou **ameixa** cortadas (ou ambas)

½ xícara (chá) de **avelã**

1 xícara (chá) de **castanha de caju**

1 xícara (chá) de **castanha-do-pará**

4 colheres (sopa) de **canela**

1 colher (sopa) de **açúcar mascavo**

3 colheres (sopa) de **açúcar orgânico**

1 barra (175g) de **chocolate meio amargo** picado em pedacinhos

2 colheres (sopa) de **semente de linhaça**

1 **ovo** (inteiro)

1 colher (sopa) de **farinha de linhaça**

3 colheres (sopa) de **farinha de arroz**

4 colheres (sopa) de **mel**

4 **bananas** picadinhas

MODO DE PREPARO

> PEÇA AJUDA A UM ADULTO PARA FAZER AS ATIVIDADES EM *LARANJA*

1

Corte todas as frutas secas e as nuts em pedaços pequenos e **misture** tudo em uma tigela.

2

Adicione canela, os açúcares, o chocolate, a semente de linhaça e **reserve**.

3

Bata bastante o ovo **com o garfo**.

4

Em outra tigela, **junte** o ovo batido, as farinhas e o mel, **mexendo** bem com as mãos.

5

Misture também o conteúdo reservado e as bananas picadinhas junto com a massa.

6

Forre o tabuleiro com o de papel-manteiga e *distribua a massa uniformemente*.

7

A espessura da barrinha deve ser de um dedo aproximadamente. *Leve ao forno alto por 25 minutos*.

8

Corte as barrinhas com a massa ainda quente. **Espere** esfriar e **sirva**.

2 ALMOÇO

TIQUE-TAQUE,
O TEMPO VOA!
JÁ BATE MEIO-DIA:
ESTÁ NA HORA DE
RENOVAR
ENERGIAS
COM CORES,
TEMPEROS E OUTRAS
FELICIDADES.
É ISSO
QUE CHAMO
DE ALMOÇO!

SALADINHA DE LEGUMES

SALADA DE BETERRABA E CENOURA COM QUEIJO COTTAGE

VOCÊ VAI PRECISAR DE: *tigela pequena e tigela média*
NÍVEL DE DIFICULDADE: *fácil*   **RENDIMENTO:** *4 porções*

INGREDIENTES

1 xícara (chá) de **cenoura** ralada

1 xícara (chá) de **beterraba** ralada

1 xícara (chá) de **tomatinhos-cereja** cortados em gomos

sal, **pimenta** e **azeite extravirgem** a gosto

250g de **queijo cottage**

10 folhinhas de **manjericão** picadinhas

MODO DE PREPARO

1
Misture todos os legumes na tigela pequena, **adicionando** sal, pimenta e azeite a gosto.

2
Na tigela média, **acrescente** o queijo, um fio de azeite, a pimenta e o manjericão.

3
Misture os temperos com o cottage e **jogue** a mistura de legumes por cima.

4
Incorpore as duas misturas e **sirva**!

MACARRONADA COM BOLINHAS DE CARNE

MASSA AO SUGO COM MANJERICÃO E ALMÔNDEGAS

VOCÊ VAI PRECISAR DE: tigela e travessa refratária média
NÍVEL DE DIFICULDADE: médio   **RENDIMENTO:** 10 porções

DICA: você também pode adicionar temperos e condimentos diferentes, como orégano ou coentro.

INGREDIENTES

ALMÔNDEGAS

400g de **carne moída**

sal e **pimenta** a gosto

3 dentes de **alho** amassados

½ **cebola pera** ralada

1 ramo pequeno de **salsinha** picadinha

MACARRONADA

400g de seu **macarrão** favorito

2 litros de **água**

4 colheres (sopa) de **azeite extravirgem**

2 colheres (sopa) de **manteiga**

2 dentes de **alho** amassados

sal e **pimenta** a gosto

2 latas de **tomates pelados**

20 folhas ou mais de **manjericão**

10 bolinhas médias de **muçarela de búfala**

MODO DE PREPARO

PEÇA AJUDA A UM ADULTO PARA FAZER AS ATIVIDADES EM ROXO

ALMÔNDEGAS

1

Coloque a carne em uma tigela e **despedace** um pouco com as mãos.

2

Tempere com sal, pimenta, alho, cebola e salsinha.

3

Faça bolinhas com as mãos e **reserve**.

MACARRONADA

1

Cozinhe o macarrão na água temperada com sal e azeite até que fique *al dente*.

2

Ao *escorrer* a massa, *reserve* ½ copo da água usada no cozimento.

3

Em uma panela, *aqueça* o azeite e a manteiga, e **adicione** o alho amassado, **temperando** com sal e pimenta.

4

Acrescente os tomates e a água reservada para o molho, sem parar de **mexer**.

5

Despeje as almôndegas e deixe que **cozinhe** junto ao molho em fogo baixo.

6

Confira se a carne já está clarinha por dentro e **acrescente** as folhas de manjericão e a muçarela.

7

Misture tudo e **adicione** à massa. Não **mexa** demais para que o queijo não vire uma pasta.

8

Espere esfriar um pouco e **sirva** na travessa!

39

BOLO COM CALDA CREMOSA

BOLO DE CENOURA COM COBERTURA DE CHOCOLATE

VOCÊ VAI PRECISAR DE: *liquidificador, peneira, tigela grande e fôrma de bolo*
NÍVEL DE DIFICULDADE: *médio*   **RENDIMENTO:** *1 bolo*

DICA: que tal decorar seu bolo? Pode ser com frutinhas frescas, amêndoas, paçoca... Use a imaginação!

INGREDIENTES

COBERTURA

1 lata de **leite condensado**

1 colher (chá) de **manteiga com sal**

2 colheres (sopa) de **cacau em pó**

2 colheres (sopa) de **creme de leite** (gelado)

BOLO

3 **ovos** (inteiros)

2 xícaras (chá) de **açúcar orgânico**

2 **cenouras** médias raladas finas

1 xícara (chá) de **farinha de trigo branca**

1 xícara (chá) de **farinha de trigo integral**

1 colher (sopa) de **mel**

½ xícara (chá) de **leite semidesnatado**

1 colher (chá) de **fermento em pó**

MODO DE PREPARO

> PEÇA AJUDA A UM ADULTO PARA FAZER AS ATIVIDADES EM *ROSA*

COBERTURA

1

Junte, em uma panela, os ingredientes da cobertura menos o creme de leite. **Mexa** bastante.

2

Leve ao fogo médio até que o líquido atinja uma textura cremosa e soltinha.

3

Retire do fogo e espere esfriar. **Agregue** o creme de leite e **mexa** com o fogo desligado.

BOLO

1

Preaqueça o forno alto por 10 minutos e **unte** a fôrma de bolo.

2

Bata os ovos no liquidificador em velocidade máxima.

3

Adicione o açúcar e **bata** mais um pouco.

4

Em seguida, **junte** a cenoura e **continue batendo**.

5

Peneire as farinhas na tigela, **misturando** com as mãos.

6

Inclua o mel e o leite e **misture devagar** com uma colher de pau.

7

Em seguida, **adicione lentamente** o fermento à massa e **continue mexendo** (no mesmo sentido).

8

Despeje a massa homogênea na fôrma untada e *leve ao forno* médio por 40 minutos.

9

Quando o bolo estiver em temperatura ambiente, *despeje* a cobertura por cima e **sirva**.

BRUSCHETTAS ITALIANAS

PÃO ITALIANO COM COBERTURA DE TOMATE, QUEIJO DE MINAS PADRÃO E MANJERICÃO

VOCÊ VAI PRECISAR DE: *tigela média e tabuleiro antiaderente*
NÍVEL DE DIFICULDADE: *fácil*   **RENDIMENTO:** *12 bruschettas*

DICA: que tal experimentar cogumelo tipo shiitake ou frango desfiado no lugar do tomate?

INGREDIENTES

200g de **tomatinho-cereja**

1 dente de **alho** amassado

5 colheres (sopa) de **azeite extravirgem**

folhas de **manjericão** a gosto

sal e **pimenta-do-reino** a gosto

pão italiano ou **pão filão** (aproximadamente 200g)

200g de **queijo de minas padrão** ralado

MODO DE PREPARO

PEÇA AJUDA A UM ADULTO PARA FAZER AS ATIVIDADES EM *AMARELO*

1
Corte os tomatinhos em quatro e **despeje** na tigela. **Adicione** todos os ingredientes menos o pão e o queijo.

2
Mexa tudo e *preaqueça o forno* alto por 5 minutos.

3
Corte o pão em fatias de aproximadamente um dedo de espessura.

4
Disponha o recheio sobre os pães e *leve ao forno* no tabuleiro por mais 15 minutos.

5
Retire e **polvilhe** o queijo sobre as fatias quentes. Deixe *gratinar* por 5 minutos e **sirva**!

FRANGO ORIENTAL COM BATATINHA RÚSTICA

FRANGO AO SUGO TEMPERADO COM CURRY E ESPECIARIAS, SERVIDO COM BATATA-DOCE E ALECRIM AO FORNO

VOCÊ VAI PRECISAR DE: *travessa refratária grande*
NÍVEL DE DIFICULDADE: *fácil*   **RENDIMENTO:** *8 porções*

INGREDIENTES

FRANGO

1 **peito de frango** com osso

sal e **pimenta** a gosto

2 colheres (chá) de **curry**

2 colheres (sopa) de **azeite extravirgem**

¼ de **cebola** picadinha

3 dentes de **alho** amassados

3 colheres (sopa) de **água filtrada**

1 lata de **tomates pelados**

½ xícara (chá) de **salsinha picada**

BATATA

4 **batatas-doces** médias com casca

4 colheres (sopa) de **azeite extravirgem**

sal e **pimenta** a gosto

alecrim fresco a gosto

4 dentes de **alho** com casca

MODO DE PREPARO

PEÇA AJUDA A UM ADULTO PARA FAZER AS ATIVIDADES EM VERDE

FRANGO

1

Em uma panela média, **coloque** o frango e **encha** de água até que **cubra** a carne.

2

Leve ao fogo médio por, no mínimo, 30 minutos. A textura do frango deve ficar bem soltinha e clarinha.

3

Retire do fogo e escorra bem. Espere até que esteja morno e **desfie** toda a carne, *descolando* a parte óssea.

4

Continue desfiando os pedaços até que a textura esteja de acordo com a sua preferência (mais ou menos **desfiado**).

5

Tempere o frango ainda morno, com o sal, a pimenta e o curry.

DICA: é importante temperar o frango ainda morninho, pois assim conserva melhor o sabor.

6

Em uma panela, **coloque** o azeite e despeje a cebola. **Mexa** por um tempo e **acrescente** o alho até dourar.

7

Despeje os tomates e **mexa** mais um pouco.

8

Adicione a salsinha ao frango e **incorpore** bem os ingredientes. Está pronto!

BATATA

1

Corte as batatas em gomos e depois em pedaços menores.

2

Disponha as batatas cortadas na travessa refratária e **tempere** com azeite, sal e pimenta.

3

Misture bem e em seguida, **salpique** os ramos de alecrim e os dentes de alho com casca.

4

Leve ao forno médio por 30 minutos ou até dourar as batatas. **Sirva** com o frango.

TORTINHA DE MAÇÃ

TORTA TIPO CRUMBLE DE MAÇÃ COM CANELA E GRANOLA

VOCÊ VAI PRECISAR DE: tigela grande, peneira, filme PVC, travessa refratária grande e coador
NÍVEL DE DIFICULDADE: médio   **RENDIMENTO:** 12 porções

DICA: além de saborosa, essa receita pode ser usada para deixar sua cozinha perfumada. Prepare-se!

INGREDIENTES

MASSA

⅛ xícara (chá) de **farinha de linhaça**

1 e ½ xícara (chá) de **farinha de trigo integral**

1 colher (chá) de **fermento em pó**

1 xícara (chá) de **açúcar orgânico**

2 xícaras (chá) de **açúcar mascavo**

1 **ovo** (inteiro)

100g de **manteiga gelada** picada em pedaços

4 colheres (sopa) de **mel**

½ xícara (chá) de **flocos de quinoa**

2 colheres (sopa) de **linhaça**

1 xícara (chá) de **granola**

RECHEIO

3 **maçãs gala** médias fatiadas com casca

4 colheres (sopa) de **mel**

canela a gosto

MODO DE PREPARO

> PEÇA AJUDA A UM ADULTO PARA FAZER A ATIVIDADE EM BRANCO

MASSA

1
Em uma tigela grande, **peneire** as farinhas, o fermento e os açúcares, **misturando** bem.

2
Bata bastante o ovo com um garfo (ou liquidificador) e **reserve** apenas a metade do conteúdo.

3
Adicione a manteiga gelada ao mel e à quinoa, à linhaça e à granola e **misture** bem com as mãos.

4
Quando a massa estiver mais homogênea, **acrescente** o restante do ovo batido e **continue misturando**. **Reserve**.

5
Estique um pedaço de filme PVC no comprimento da travessa que irá para o forno, sobre uma superfície reta.

6
Estique a massa no filme PVC, de modo que ela **fique uniforme**, mais fina e suficiente para **cobrir** a travessa.

RECHEIO

1
Em uma travessa refratária, **disponha igualmente** as fatias de maçã.

2
Por cima, **despeje** o mel e a canela. **Vire** a massa que **esticou**, com a ajuda do filme PVC sobre as maçãs.

DICA: seu filho vai adorar ajudar nessa etapa!

3
Adicione granola sobre a massa e, se quiser, **polvilhe** mais um pouco de canela.

4
Leve ao forno alto por 35 minutos ou até dourar a massa. **Delicie-se**!

47

TOMATES SURPRESA

TOMATES RECHEADOS COM RICOTA E COENTRO

VOCÊ VAI PRECISAR DE: *tigela e travessa refratária média*
NÍVEL DE DIFICULDADE: *médio* **RENDIMENTO:** *8 porções*

DICA: reserve umas folhinhas de coentro inteiras para decorar no final.

INGREDIENTES

4 **tomates carmem** médios

150g de **ricota**

2 dentes de **alho** amassados

2 colheres (sopa) de **azeite**

1 **cenoura** ralada

1 xícara (chá) de **coentro** picadinho

2 colheres (sopa) de **queijo** cottage

sal e **pimenta** a gosto

DICA: em vez de tomate carmem, pode-se usar abobrinha.

MODO DE PREPARO

> **PEÇA AJUDA A UM ADULTO PARA FAZER AS ATIVIDADES EM** *ROSA*

1
Corte os tomates ao meio e **retire** as sementes e o miolo. **Reserve**.

2
Em uma tigela média, **esfarele** a ricota em pedaços menores. **Adicione** tudo, menos o queijo, e **misture** bem.

3
Quando a ricota **estiver** bem temperada, **acrescente** o cottage para que **forme** quase uma pastinha.

4
Coloque o recheio dentro das conchinhas de tomate e **organize** em uma travessa refratária média.

5
Tempere com um fio de azeite, *leve ao forno* médio por 25 minutos e **sirva**.

LASANHA DO BEM

LASANHA DE BERINJELA E ABOBRINHA REFOGADAS

VOCÊ VAI PRECISAR DE: *travessa refratária grande*
NÍVEL DE DIFICULDADE: *fácil*   **RENDIMENTO:** *12 porções*

INGREDIENTES

RECHEIO

6 **dentes de alho** amassados

1 **berinjela** fatiada em pedaços médios

1 **abobrinha** fatiada em pedaços mais finos

azeite extravirgem, **sal** e **pimenta** a gosto

1 **cebola** (roxa ou pera) picadinha

1 colher (chá) de **gengibre** picadinho

2 colheres (chá) de **açúcar**

1 lata de **tomates pelados**

LASANHA

1 pacote (200g) de **massa de lasanha**

300g de **muçarela** fatiada

raminhos de **tomilho**

1 xícara (chá) de **queijo parmesão** ralado

DICA: em vez de tomilho, pode-se usar orégano fresco ou manjericão.

MODO DE PREPARO

> PEÇA AJUDA A UM ADULTO PARA FAZER AS ATIVIDADES EM *ROXO*

RECHEIO

1

Em uma panela grande, **coloque** 4 dentes de alho para *dourar* em um fio de azeite.

2

Disponha as fatias de berinjela e abobrinha quando o alho já estiver douradinho. **Adicione** o quanto baste de azeite, sal e pimenta, **mexendo** bem os ingredientes. **Reserve**.

DICA: é importante mexer bastante para que o recheio fique bem saboroso, pré-cozido e temperado.

3

Em outra panela, **misture** a cebola, o gengibre e o azeite.

4

Quando a cebola estiver mais **cozidinha**, **junte** o restante do alho e **mexa** mais um pouco.

5

Despeje os tomates e, em seguida, a água filtrada (considerando como medida a lata dos tomates até a metade) e o açúcar. Quando estiver *levantando fervura, reserve.*

LASANHA

1

Despeje uma fina camada de molho sobre a travessa refratária. Por cima, *coloque* uma camada de massa e uma de legumes.

2

Cubra com a muçarela e adicione as folhinhas de tomilho.

3

Em seguida **acrescente** mais massa, molho, legumes e muçarela, **repetindo** o processo nessa mesma ordem até **acabarem** os ingredientes. Não se **esqueça** do tomilho!

4

Polvilhe o parmesão ralado por cima e *leve ao forno* médio pelo tempo **indicado** na embalagem da massa. Se preferir, *coloque o queijo para gratinar* nos últimos 5 minutos antes de **servir**.

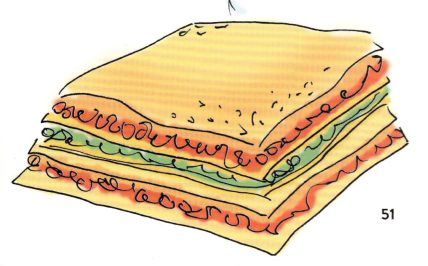

51

MORANGOS EM CAMADAS

MORANGOS CORTADOS COM BRIGADEIRO BRANCO E CHANTILI FRESCO

VOCÊ VAI PRECISAR DE: *taças de sorvete e duas tigelas pequenas*
NÍVEL DE DIFICULDADE: *fácil*   **RENDIMENTO:** *6 porções*

INGREDIENTES

1 lata de **leite condensado**

1 colher (sopa) de **manteiga sem sal**

1 colher (chá) de **essência de baunilha**

250g de **creme de leite pasteurizado**

1 caixa pequena de **morangos** maduros

2 colheres (sopa) de **açúcar orgânico**

1 xícara (chá) de **suspiro caseiro**

MODO DE PREPARO

PEÇA AJUDA A UM ADULTO PARA FAZER AS ATIVIDADES EM *AMARELO*

1
Em uma panela, *despeje* a lata de leite condensado e **adicione** a manteiga e a baunilha. **Misture** bem em fogo baixo.

2
Espere que a mistura esteja pronta e mais firme para **acrescentar** 2 colheres (sopa) do creme de leite. **Não se esqueça** de *misturar bastante* enquanto prepara, para **garantir** que a textura fique lisa. **Reserve**.

3
Corte e **distribua** todos os morangos nas taças. **Despeje** o creme reservado sobre as frutas.

4
Em uma tigela, **bata** o restante do creme de leite com o açúcar. **Faça** uma camada com esse creme.

5
Em outra tigela, **quebre** o suspiro em pedaços menores. *Tome cuidado para não esfarelar demais*.

6
Coloque a última camada de suspiro e **leve** à geladeira por pelo menos 30 minutos. **Refresque-se**!

53

3 LANCHE DA TARDE

AI, AI, QUANTO **BOCEJO!** A TARDINHA VAI CAINDO E A **PREGUIÇA ANUNCIA QUE ESTÁ NA HORA DO LANCHE.** UMA PARADA RÁPIDA PARA LOGO **DEVORAR AS DELÍCIAS** QUE **SAEM DO FORNO!**

MATE REFRESCANTE

VOCÊ VAI PRECISAR DE: *liquidificador, coador e copos*
NÍVEL DE DIFICULDADE: *fácil*   **RENDIMENTO:** *8 porções*

DICA: para que o limão fique bem suculento, use suas duas mãos (uma sobre a outra) para pressionar a fruta contra uma superfície reta, em movimentos para a frente e para trás.

INGREDIENTES

2 colheres (sopa) de **chá-mate**

5 copos de **água filtrada**

2 **limões-sicilianos**

8 colheres (sopa) de **açúcar**

1 raminho pequeno de **hortelã**

3 colheres (sopa) de **mel**

gelo a gosto

MODO DE PREPARO

> PEÇA AJUDA A UM ADULTO PARA FAZER A ATIVIDADE EM *AZUL*

1
Coloque o chá-mate misturado com a água para *ferver* até **obter** uma cor escura.

2
Enquanto **espera** o chá esfriar, **faça** um suco com os dois limões.

3
Coloque o suco do limão, o açúcar, um pouco de água, umas folhinhas de hortelã e o mel no liquidificador.

4
Adicione o chá coado à mistura e **bata** em velocidade máxima.

5
Sirva com cubos de gelo e algumas folhinhas de hortelã para **decorar** (opcional).

TAPIOCA SANTA CLARA

TAPIOCA RECHEADA COM PRESUNTO, QUEIJO, GERGELIM PRETO E OVINHO COZIDO

VOCÊ VAI PRECISAR DE: *frigideira e coador ou peneira*
NÍVEL DE DIFICULDADE: *médio* **RENDIMENTO:** *1 tapioca grande*

INGREDIENTES

RECHEIO

1 colher (sopa) de **queijo cottage**

2 colheres (sopa) de **cebola pera** picada

3 fatias de **presunto magro** cortadinho

5 **tomatinhos-cereja** cortados em rodelas

4 colheres (sopa) de **azeite extravirgem**

1 colher de chá de **orégano**

pimenta e **sal** a gosto

2 fatias de **muçarela de búfala**

TAPIOCA

5 colheres (sopa) de **tapioca**

1 **ovo** cozido

2 colheres (chá) de **gergelim preto**

MODO DE PREPARO

> PEÇA AJUDA A UM ADULTO PARA FAZER AS ATIVIDADES EM *LARANJA*

RECHEIO

1

Reserve a muçarela e, em um recipiente, **coloque** todos os ingredientes e **misture**.

2

Tempere com azeite, orégano, pimenta e sal.

TAPIOCA

1

Em fogo baixo, *adicione um fio de azeite* à frigideira.

2

Polvilhe a tapioca em um coador ou peneira aos poucos sobre a panela e **tempere** com sal.

3

Após *colocar* todo o conteúdo, **espere** que se forme uma casquinha dura e **despeje** o recheio. **Salpique** a muçarela.

4

Feche a massa e vire o lado da tapioca, *esperando que o recheio esquente*.

5

Agora é só **salpicar** o ovo cozido e um pouquinho de gergelim por cima e **servir**!

DICA: se quiser, em vez de cozido, é possível servir o ovinho frito com a gema quebrada sobre a tapioca. Hummm... Que delícia!

59

BOMBOM GELADO DE FRUTAS

BANANINHA CONGELADA COM CROSTA DE CHOCOLATE

VOCÊ VAI PRECISAR DE: *tabuleiro médio (que caiba no congelador), papel-manteiga e espetos de churrasco*
NÍVEL DE DIFICULDADE: *fácil* **RENDIMENTO:** *8 porções*

DICA: você também pode decorar com castanhas, chocolate branco ralado, cereais de milho etc.

INGREDIENTES

4 **bananas** maduras

1 barra (175g) de **chocolate meio amargo**

1 barra (175g) de **chocolate ao leite**

granulado de sua preferência

MODO DE PREPARO

PEÇA AJUDA A UM ADULTO PARA FAZER AS ATIVIDADES EM *VERDE*

1
Forre o tabuleiro com o papel-manteiga.

2
Corte as bananas em pedaços médios, **arrumando** um a um na ponta de cada palito.

3
Quebre as barras de chocolate ainda embaladas, para ganhar tempo, e *derreta tudo em banho-maria*.

4
Espere que a textura **fique** bem lisa e *coloque o chocolate* em um prato fundo ou copo comprido.

5
Mergulhe os espetos no chocolate e **vire** de cabeça para baixo para escorrer o excesso.

6
Arrume os espetinhos no tabuleiro forrado, **decore** com o granulado e **sirva**.

SUCO ROSA

SUCO DE MELANCIA

VOCÊ VAI PRECISAR DE: *liquidificador, coador, jarra e copos*
NÍVEL DE DIFICULDADE: *fácil* **RENDIMENTO:** *6 porções*

DICA: *se a melancia estiver bem madurinha, nem precisa de açúcar.*

INGREDIENTES

8 fatias médias de **melancia**

1 colher (sopa) de **açúcar orgânico**

6 cubinhos de **gelo**

MODO DE PREPARO

1

Retire os caroços da melancia e **despeje** a polpa no liquidificador.

2

Junte o açúcar e o gelo e **bata** até que **fique** na consistência desejada.

3

Se necessário, **adicione** um pouquinho de água gelada.

4

Antes de **despejar** na jarra, **utilize o coador** para melhorar a textura do suco.

5

Sirva geladinho com mais cubinhos de gelo, se desejar.

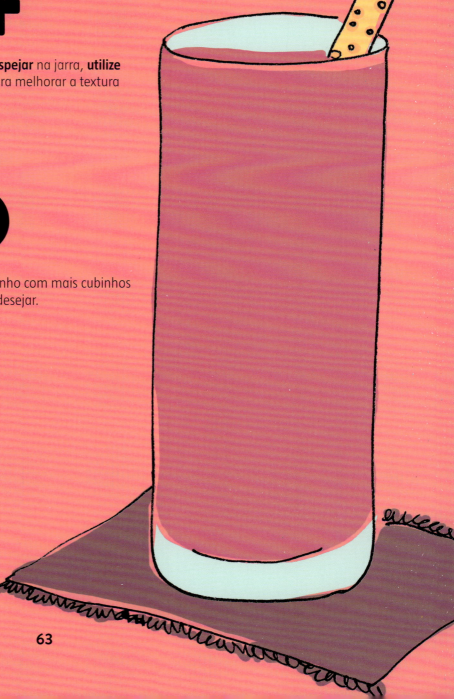

PIZZA NO SÍRIO

PÃO SÍRIO COM RECHEIO DE QUEIJO, TOMATE E MANJERICÃO

VOCÊ VAI PRECISAR DE: *tabuleiro antiaderente*
NÍVEL DE DIFICULDADE: *fácil* **RENDIMENTO:** *4 porções*

DICA: deixe o garfo e a faca de lado e segure com as mãos!

INGREDIENTES

4 fatias de **pão sírio integral**

azeite

8 fatias de **muçarela de búfala**

20 **tomatinhos-cereja** fatiados

20 folhas de **manjericão**

pimenta-do-reino e **orégano** a gosto

MODO DE **PREPARO**

> PEÇA AJUDA A UM ADULTO PARA FAZER A ATIVIDADE EM *VERDE*

1
Distribua as fatias de pão sobre o tabuleiro e **adicione** um fio de azeite em cada uma.

2
Coloque duas fatias de muçarela de búfala sobre os pães.

3
Disponha os tomatinhos e o manjericão igualmente. **Polvilhe** pimenta e orégano para **finalizar**.

4
Deixe esquentando no forno por 10 minutos (em temperatura baixa). **Sirva!**

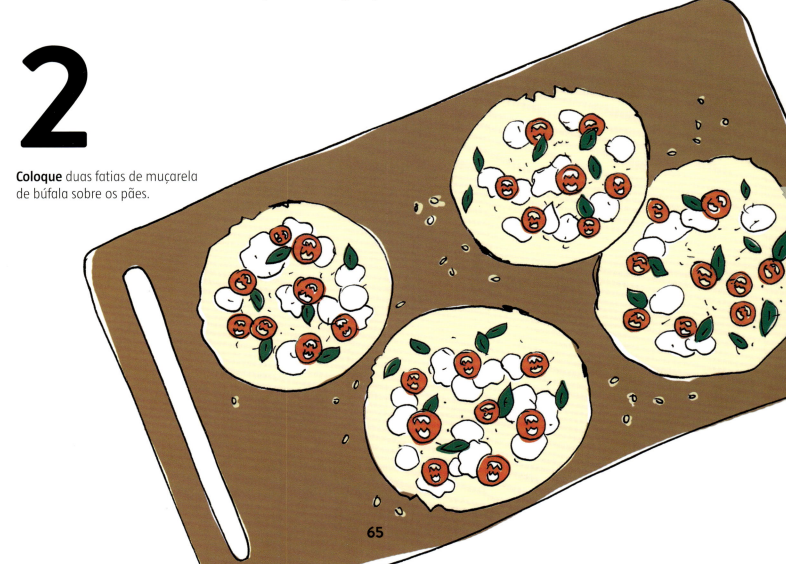

PICOLÉ CASEIRO

SACOLÉ DE LARANJA, MAMÃO E LEITE CONDENSADO

VOCÊ VAI PRECISAR DE: *liquidificador, funil, concha e saquinhos para sacolé*
NÍVEL DE DIFICULDADE: *fácil*   **RENDIMENTO:** *10 porções*

INGREDIENTES

2 **mamões** (papaias)

4 **laranjas-lima** médias maduras

½ xícara (chá) de **leite semidesnatado**

½ xícara (chá) de **leite condensado**

MODO DE PREPARO

1
Retire a polpa dos mamões e **faça** um suco com as laranjas. **Despeje** tudo no liquidificador.

2
Adicione o leite e o leite condensado, **batendo** tudo em **velocidade máxima** por algum tempo.

3
Com a ajuda de um funil, **insira** o equivalente a uma concha quase cheia nos saquinhos.

4
Deixe um espaço de mais ou menos quatro dedos para **finalizar** com um nó.

5
Leve ao refrigerador por, no mínimo, 2 horas e **refresque-se**!

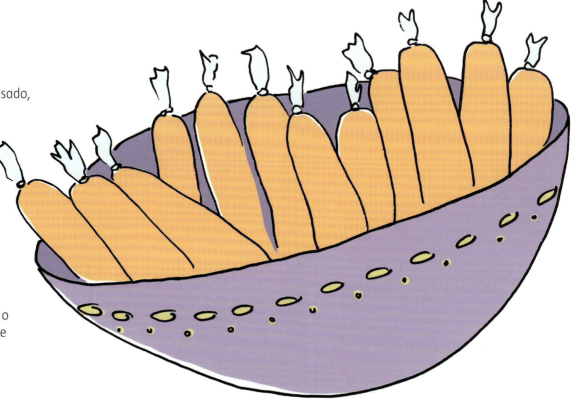

BANANA VITAMINADA

BANANA BATIDA COM LEITE E CANELA

VOCÊ VAI PRECISAR DE: *liquidificador e copos*
NÍVEL DE DIFICULDADE *fácil*   **RENDIMENTO:** *4 copos de 200ml cada um*

DICA: reserve umas folhinhas de coentro inteiras para decorar no final.

INGREDIENTES

4 **bananas** cortadas em pedaços médios

2 xícaras (chá) de **leite semidesnatado**

4 colheres (sopa) de **mel**

1 colher (sopa) de **canela**

MODO DE PREPARO

1

Coloque as bananas e o leite no liquidificador.

2

Bata em velocidade máxima até que a consistência esteja cremosa.

3

Se achar necessário, **acrescente** mais um pouquinho de leite.

4

Adicione o mel e a canela, **batendo** mais um pouquinho. Já pode **servir!**

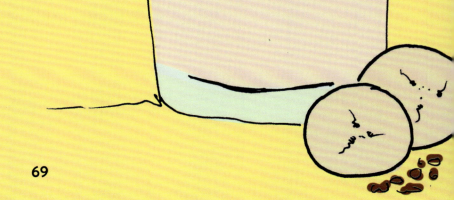

PÃEZINHOS INTEGRAIS

MASSA PRÁTICA DE PÃO TEMPERADA COM SEMENTES E ERVAS

VOCÊ VAI PRECISAR DE: *liquidificador, tigela grande, peneira e assadeira*
NÍVEL DE DIFICULDADE: *fácil*   **RENDIMENTO:** *10 pães*

DICA: que tal servir bem quentinho com seu queijo favorito?

INGREDIENTES

1 **ovo** (inteiro)

2 colheres (sopa) de **açúcar orgânico**

150ml de **iogurte natural integral**

2 colheres (sopa) de **manteiga com sal** derretida (sem ferver)

1 xícara (chá) de **farinha de trigo integral**

2 xícaras (chá) de **farinha de trigo branca**

2 colheres (sopa) de **fermento em pó**

1 colher (sopa) de **sal**

2 colheres (sopa) de **gergelim branco**

MODO DE PREPARO

> PEÇA AJUDA A UM ADULTO PARA FAZER AS ATIVIDADES EM *ROSA*

1
Preaqueça o forno (em temperatura média) por 10 minutos.

2
Bata bem o ovo e o açúcar no liquidificador. **Despeje** na tigela e **adicione** o iogurte e a manteiga. **Misture**.

3
Peneire aos poucos, sobre a mistura, as farinhas, o fermento e o sal.

4
Mexa com uma colher de pau até que fique bem homogêneo.

5
Se a massa ainda estiver grudando, **acrescente**, aos poucos, mais farinha de trigo branca.

6
Modele bolinhas pequenas com as mãos e **salpique** o gergelim sobre o topo.

7
Coloque em uma assadeira untada e *leve ao forno* por 25 minutos ou até dourar. **Sirva**!

BROWNIE COM NOZES

BROWNIE FEITO COM FARINHA INTEGRAL, NOZES E AMÊNDOAS

VOCÊ VAI PRECISAR DE: *peneira, tigela média e fôrma pequena*
NÍVEL DE DIFICULDADE: *fácil*   **RENDIMENTO:** *12 porções*

INGREDIENTES

½ xícara (chá) de **farinha de trigo integral**

½ xícara (chá) de **farinha de trigo branca**

6 colheres (sopa) de **cacau em pó**

2 xícaras (chá) de **açúcar orgânico**

1 xícara (chá) de **nozes picadas**

2 **ovos** (inteiros)

100g de **manteiga com sal** derretida

3 colheres (sopa) de **lâminas de amêndoas**

MODO DE **PREPARO**

PEÇA AJUDA A UM ADULTO PARA FAZER A ATIVIDADE EM *LARANJA*

1
Peneire as farinhas em uma tigela e **misture** com o cacau, o açúcar e as nozes.

2
Bata bastante os ovos com um garfo e **coloque** na tigela com a manteiga.

3
Mexa com uma colher de pau até que fique bem homogêneo.

4
Despeje sobre a fôrma untada e **salpique** as amêndoas por cima. *Leve ao forno* médio por 35 minutos. Hummm...

4 JANTAR

JANTAR TEM GOSTINHO DE FAMÍLIA, **AMOR** E **RISADAS**. ADORO **CONTAR E OUVIR** HISTÓRIAS, SENTAR À MESA E COMER DE TUDO. LOGO, LOGO É HORA DE DAR **BOA-NOITE** E ESPERAR QUE A MANHÃ CHEGUE **BEM DEPRESSA...**

MINIOMELETE

OMELETE DE FORNO COM ERVAS E QUEIJO

VOCÊ VAI PRECISAR DE: *tigela pequena e forminhas de cupcake*
NÍVEL DE DIFICULDADE: *fácil*   **RENDIMENTO:** *8 miniomeletes*

DICA: com o tempo as miniomeletes murcham, mas continuam deliciosas. Por isso, coma logo que estiverem prontas!

INGREDIENTES

¼ de **pimentão vermelho**

½ xícara (chá) de **salsinha picada**

4 **ovos** (inteiros)

sal e **pimenta** a gosto

1 **dente de alho** amassado

1 pitada de **fermento em pó**

5 bolinhas de **muçarela de búfala** picada

MODO DE PREPARO

> **PEÇA AJUDA A UM ADULTO PARA FAZER AS ATIVIDADES EM** *VERDE*

1

Corte o pimentão e a salsinha em pedaços bem pequenos. **Reserve**.

2

Junte os ovos, o sal e a pimenta na tigela **batendo bem**.

3

Incorpore o alho, o fermento, o pimentão e a salsinha, **misturando** mais um pouco.

4

Despeje a mistura até a metade das forminhas, **salpique** a muçarela e *leve ao forno* alto por 20 minutos. Que delícia!

SOPINHA DE OUTONO

SOPA DE ABÓBORA, BETERRABA, BATATA-BAROA E CREME DE LEITE

VOCÊ VAI PRECISAR DE: travessa refratária antiaderente média e liquidificador
NÍVEL DE DIFICULDADE: médio **RENDIMENTO:** 8 porções

DICA: que tal servir com queijo ralado por cima?

INGREDIENTES

CROÛTONS

4 fatias de **pão integral** de sua preferência

2 colheres (sopa) de **azeite extravirgem**

sal e **pimenta** a gosto

1 colher (sopa) de **orégano**

SOPA

2 **beterrabas**

300g de **abóbora**

2 **batatas-baroas** médias

½ **cebola** pequena picadinha

6 colheres (sopa) de **azeite**

1 **dente de alho** amassado

1 colher chá de **curry**

sal e **pimenta** a gosto

½ xícara (chá) de **cheiro-verde** picadinho

água filtrada

2 **gemas de ovo** (cozidas)

½ xícara (chá) de **requeijão**

MODO DE PREPARO

PEÇA AJUDA A UM ADULTO PARA FAZER AS ATIVIDADES EM VERMELHO

CROÛTONS

1

Preaqueça o forno (em temperatura alta) por 5 minutos.

2

Em uma travessa, **tempere** as fatias de pão com azeite, sal, pimenta e orégano.

3

Leve ao forno baixo por 10 minutos.

DICA: se quiser, também pode adicionar queijo ralado ao tempero!

SOPA

1

Descasque os legumes e corte-os em pedaços médios. **Reserve**.

2

Em uma panela, *refogue* a cebola no azeite e **adicione** o alho em seguida. **Acrescente** o curry, o sal e a pimenta a gosto. **Espere** um pouco e **coloque** os legumes e o cheiro verde, *sem parar de mexer*.

3

Tente soltar bem o tempero que fica retido no fundo da panela, é ele que **dá** sabor à sopa. Depois, **despeje** água dois dedos acima do nível dos alimentos. **Deixe cozinhar** em fogo médio.

4

Enquanto a sopa ferve, **observe** se não está **secando** o caldo; caso necessário, **coloque** um pouco mais de água. Quanto mais água, menos cremosa **ficará** sua sopa.

5

Retire da panela e bata tudo em um liquidificador com as gemas cozidas. *Leve de volta* a panela em fogo médio.

6

Verifique se precisa de mais sal ou pimenta e **acrescente** o requeijão. **Mexa** lentamente.

7

Quando o creme ficar bem homogêneo já pode **servir**. Não se **esqueça** dos croûtons!

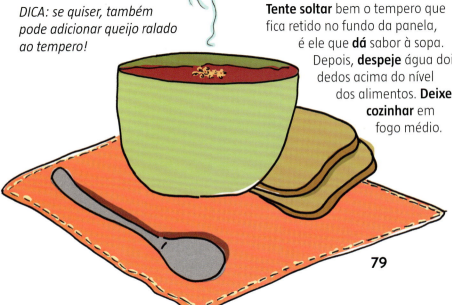

PAVÊ COM MORANGOS

PAVÊ DE BISCOITO DE MAISENA COM CHOCOLATE E MORANGO

VOCÊ VAI PRECISAR DE: *tigela pequena e travessa refratária pequena e retangular*
NÍVEL DE DIFICULDADE: *médio*   **RENDIMENTO:** *12 porções*

DICA: *o segredo é mexer os cremes (branco e preto) bem rapidinho, para que não fiquem empelotados.*

INGREDIENTES

1 xícara (chá) de **leite semidesnatado**

4 colheres (sopa) de **maisena** (amido de milho)

1 colher (chá) de **essência de baunilha**

2 barras (175g) de **chocolate meio amargo**

1 lata de **creme de leite**

1 caixa pequena de **morangos** fatiados

chantili em spray

1 pacote de **biscoito de maisena**

MODO DE PREPARO

PEÇA AJUDA A UM ADULTO PARA FAZER AS ATIVIDADES EM *AZUL*

1
Dilua o leite com a maisena e a baunilha na tigela, **misturando bem**. **Junte** tudo na panela.

2
Em fogo baixo, *mexa bastante* até que fique um creme claro mais espesso. **Deixe esfriar**.

3
Derreta as barras de chocolate em banho-maria e **espere** até que fique tudo **bem derretido**.

4
Após o chocolate derretido **esfriar** um pouco, **coloque** o creme de leite. **Não pare** de **mexer** até que **fique** bem cremoso.

5
Passe uma fina camada do creme de chocolate em um lado dos biscoitos de maisena. **Adicione-os** à travessa refratária.

6
Por cima, **acrescente** o creme claro e depois os morangos fatiados.

7
Continue montando as camadas nesta ordem: creme de chocolate com biscoitos, creme claro e morangos. **Finalize** com morangos.

8
Leve à geladeira por 1 hora e, quando for servir, **cubra** com uma camada de chantili. Hummm...

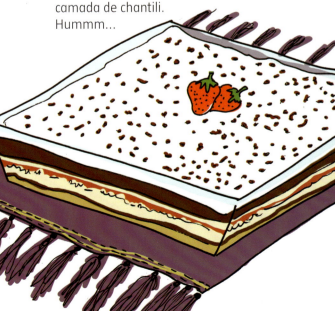

81

WRAP DE FOLHAS

VOCÊ VAI PRECISAR DE: *tigela pequena e tigela média*
NÍVEL DE DIFICULDADE: *médio*   **RENDIMENTO:** *4 porções*

DICA: deixe a frescura de lado e coma com as mãos!

INGREDIENTES

MOLHO

200ml de **iogurte natural ou coalhada integral**

azeite e **sal** a gosto

1 dente de **alho amassado**

1 colher de chá de **curry ou açafrão** em pó

pimenta a gosto

RECHEIO

1 **pepino** com casca cortado em tiras compridas

2 **cenouras** descascadas e raladas finas

2 **tomates carmem** picados

5 fatias de **peito de peru defumado** picadinho

10 cogumelos tipo **champignon** fatiados

2 colheres (sopa) de **azeite** extravirgem

4 **pães sírio ou pão folha**

4 folhas de **alface** de sua preferência

MODO DE PREPARO

MOLHO

1

Coloque o iogurte (ou a coalhada), o azeite, o sal e o alho em uma tigela pequena.

2

Junte, acrescentando, aos poucos, o curry (ou o açafrão) e a pimenta a gosto.

3

Leve direto à geladeira antes de **montar** o wrap.

RECHEIO

1

Separe a alface e **misture** os demais ingredientes em uma tigela média.

2

Tempere com 1 colher (sopa) de azeite e **mexa** mais um pouco.

3

Abra o pão sírio, **adicione** as folhas de alface e 2 colheres (sopa) do molho.

4

Coloque a mistura de legumes sobre o pão.

5

Faça um rolinho ou, simplesmente, **dobre** ao meio e **delicie-se**.

DICA: se quiser, decore com folhas inteiras de coentro na hora de servir.

RATATOUILLE RÚSTICO

LEGUMES AO FORNO, CORTADOS E TEMPERADOS COM ERVAS

VOCÊ VAI PRECISAR DE: *travessa refratária grande*
NÍVEL DE DIFICULDADE: *fácil*   **RENDIMENTO:** *10 porções*

DICA: temperar com bastante azeite, sal e pimenta é o truque dessa receita!

INGREDIENTES

½ **batata-doce** média com casca

6 **batatas-miúdas** com casca

½ **abobrinha**

4 **cebolas pérola**

1 fatia grossa de **abóbora**

10 **tomates-cereja**

azeite extravirgem a gosto

sal e **pimenta** a gosto

ramos de **alecrim** a gosto

MODO DE PREPARO

PEÇA AJUDA A UM ADULTO PARA FAZER AS ATIVIDADES EM *ROXO*

1

Corte todos os legumes, menos o tomate, em pedaços médios. *Preaqueça o forno* (em temperatura alta).

2

Na travessa, **despeje** as batatas, **tempere** com azeite, sal e pimenta e **deixe assar** por 15 minutos.

3

Retire do forno e **acrescente** os demais legumes na travessa, **misturando bem** com uma colher de pau.

4

Verifique se o tempero precisa ser corrigido e **adicione** os ramos de alecrim sobre os legumes.

5

Volte com a travessa para o forno médio e **deixe** por mais 25 minutos.

6

Antes de **servir**, **retire** os raminhos de alecrim e pronto!

SORVETE DE CACAU

BANANA CONGELADA BATIDA COM IOGURTE GREGO E CACAU

VOCÊ VAI PRECISAR DE: *liquidificador e potinhos de sorvete*
NÍVEL DE DIFICULDADE: *fácil*   **RENDIMENTO:** *4 porções*

DICA: polvilhe um pouquinho de granola ou aveia. Vai ficar uma delícia!

INGREDIENTES

6 **bananas-pratas**

2 colheres (sopa) de **cacau em pó**

180g de **iogurte grego**

MODO DE PREPARO

> PEÇA AJUDA A UM ADULTO PARA FAZER AS ATIVIDADES EM *ROSA*

1
Descasque as bananas e as ***corte*** em pedaços médios.

2
Congele esses pedaços por, no mínimo, 2 horas.

3
Quando estiverem congelados, **despeje-os** no liquidificador e **adicione** o cacau e o iogurte.

4
Bata em velocidade máxima, fazendo pequenas pausas para ***soltar*** o conteúdo que fica no fundo.

5
Vá batendo aos poucos até que fique com a textura de sorvete. **Sirva** nos potinhos imediatamente.

SALADINHA DE MACARRÃO

FUSILLI, MILHO, TOMATINHO, BRÓCOLIS, COUVE-FLOR, CLARAS COZIDAS E CREME DE RICOTA

VOCÊ VAI PRECISAR DE: *tigela grande*
NÍVEL DE DIFICULDADE: *médio*   **RENDIMENTO:** *8 porções*

INGREDIENTES

70g de **couve-flor**

70g de **brócolis**

azeite extravirgem, **sal** e **pimenta** a gosto

300g de **macarrão tipo fusilli** (parafuso)

3 **ovos cozidos** (somente as claras)

100g de **tomatinhos-cereja** fatiados

1 lata de **milho-verde**

4 colheres (sopa) de **creme de ricota**

MODO DE PREPARO

> PEÇA AJUDA A UM ADULTO PARA FAZER AS ATIVIDADES EM *VERDE*

1
Corte a couve-flor e os brócolis em pedaços pequenos e *cozinhe* na água temperada com azeite, sal e pimenta.

2
Cozinhe a massa em água temperada até que fique com a textura mais molinha e *escorra*.

3
Em uma tigela grande, **misture** o macarrão, as claras, os legumes cozidos, o tomate e o milho.

4
Incorpore bem, **adicionando** sal, azeite e pimenta, se necessário. Por cima, **cubra** com o creme de ricota e **continue misturando**.

5
Finalize com o azeite e mais um pouco de pimenta, **levando** à geladeira por 15 minutos. Está pronto para **servir**.

PEIXE COLORIDO AO FORNO

FILÉ DE MERLUZA AO FORNO COM ABOBRINHA, CEBOLA, TOMATINHOS E ALECRIM

VOCÊ VAI PRECISAR DE: tigela média e travessa refratária grande
NÍVEL DE DIFICULDADE: médio   **RENDIMENTO:** 8 porções

INGREDIENTES

500g de **filé de merluza**

6 **dentes de alho** amassado

½ **limão** pequeno

sal e **pimenta** a gosto

1 colher (chá) de **curry**

azeite a gosto

1 **pimentão amarelo**

1 **cebola roxa** média

2 **tomates carmem** médios

ramos de **alecrim**

MODO DE PREPARO

PEÇA AJUDA A UM ADULTO PARA FAZER AS ATIVIDADES EM *ROSA*

1

Tempere o peixe na tigela com o alho, o limão, o sal, a pimenta e o curry. **Reserve**.

2

Deixe o peixe no tempero enquanto *fatia* os legumes. *Preaqueça o forno* (em temperatura alta).

3

Disponha os filés temperados na travessa refratária e **vá cobrindo** com os legumes *fatiados* da maneira que **preferir**.

4

Tempere a camada de legumes com sal, pimenta e azeite. **Salpique** os ramos de alecrim como toque final.

5

Leve ao forno médio por 45 minutos e **sirva** em seguida.

TORTINHA GELADA

MOUSSE DE MARACUJÁ COM CASQUINHA DE BISCOITO, GRANOLA E COBERTURA DE FRUTAS

VOCÊ VAI PRECISAR DE: *tigela média, travessa refratária média e coador*
NÍVEL DE DIFICULDADE: *médio*   **RENDIMENTO:** *12 porções*

INGREDIENTES

MASSA

½ pacote de **biscoito de maisena**

4 colheres (sopa) de **farelo de aveia**

½ xícara (chá) de **granola**

6 colheres (sopa) de **manteiga sem sal**

RECHEIO

3 **maracujás** médios maduros

1 lata de **leite condensado** gelado

1 **manga-rosa** pequena

MODO DE PREPARO

> PEÇA AJUDA A UM ADULTO PARA FAZER A ATIVIDADE EM *AZUL*

MASSA

1

Em uma tigela, **coloque** o biscoito de maisena e **quebre-o** todo até **formar** uma farofa.

2

Adicione o farelo de aveia e a granola, **misturando** bem com as mãos. Em seguida, **acrescente** a manteiga.

3

Incorpore bem a manteiga à mistura seca e, em seguida, **espalhe** a massa com os dedos sobre a travessa.

4

Quando a massa estiver uniforme, **leve ao forno** médio por 10 minutos. **Retire-a** e deixe-a **esfriando**.

RECHEIO

1

Faça um suco com a polpa de maracujá, coe e **reserve**. *Corte* a manga em cubinhos e **reserve** também.

2

Bata bem no liquidificador o leite condensado gelado e o correspondente a ½ lata do suco de maracujá coado.

3

Despeje essa mistura sobre a massa fria. **Leve** a tortinha por, no mínimo, 2 horas na geladeira.

4

Na hora de **servir**, **decore** com os cubinhos de manga.

93

PARA NÃO ESQUECER...

No tempo em que celular é rei, a gente se esquece da importância de anotar as coisas! Na cozinha essa tradição é ainda mais valiosa, pois, além de nos ajudar a lembrar os detalhes, serve para montar histórias e registros de momentos bons. Use e abuse desse espaço que foi feito só para você deixar este livro com a sua cara.

SOBRE A AUTORA

Criativa desde a infância. É assim que gosto de me definir quando olho para trás.

Sou parte italiana com um pezinho no Nordeste. Para mim, comida gostosa sempre foi assunto sério. Isso, porém, não impediu que, em minhas aventuras, eu desse corda à curiosidade e tentasse coisas diferentes à medida que crescia. Comer tornou-se, então, um dos momentos mais divertidos! Uma terapia; uma pausa para pôr a cabeça no lugar.

Bagunça na cozinha nasceu como projeto de conclusão de meu curso de graduação em Design Gráfico. Formada pela Pontifícia Universidade Católica do Rio de Janeiro (PUC-Rio) desde 2011, sou designer e trabalho na marca feminina Cantão, pensando e criando as artes do mundo digital ao lado de um time lindo que sabe o valor de viver bem. O que eu não sabia é que meu projeto viraria um caso de amor com minhas memórias culinárias de família.

De algum modo, revisitei o verdadeiro significado de comer junto lá em casa: uma forma de amar o próximo. Assim, espero que este livro possa inspirá-lo a dar uma chance para um cardápio mais saudável, cheio de tempero e elaborado com muito afeto!

A Editora Senac Rio de Janeiro publica livros nas áreas de
Beleza e Estética, Ciências Humanas, Comunicação e Artes, Desenvolvimento Social,
Design e Arquitetura, Educação, Gastronomia e Enologia, Gestão e Negócios,
Informática, Meio Ambiente, Moda, Saúde e Turismo e Hotelaria.

Visite o site **www.rj.senac.br/editora**, escolha os
títulos de sua preferência e boa leitura.

Fique atento aos nossos próximos lançamentos!

À venda nas melhores livrarias do país.

Editora Senac Rio de Janeiro
Tel.: (21) 2545-4927 (Comercial)
comercial.editora@rj.senac.br

Disque-Senac: (21) 4002-2002

Este livro foi composto nas tipografias Brandon Grotesque e Taz,
e impresso pela Coan Indústria Gráfica Ltda., em papel *couché matte* 150g/m^2,
para a Editora Senac Rio de Janeiro, em agosto de 2015.